DE OLHO EM EUCLIDES DA CUNHA:

escritor por acidente
e repórter do sertão

LÚCIA GARCIA

Mestre e doutoranda em história política pela
Universidade do Estado do Rio de Janeiro

DE OLHO EM
EUCLIDES
DA CUNHA:

escritor por acidente
e repórter do sertão

Coordenação
Lilia Moritz Schwarcz e Lúcia Garcia

claroenigma

Copyright © 2009 by Lúcia Garcia

Grafia atualizada segundo o Acordo Ortográfico da Língua
Portuguesa de 1990, que entrou em vigor no Brasil em 2009.

Capa e projeto gráfico
Rita da Costa Aguiar

Fotos de capa
Acervo da Fundação Biblioteca Nacional — Brasil (capa)
Fundação Casa de Rui Barbosa (quarta capa)

Preparação
Márcia Copola

Revisão
Andressa Bezerra da Silva
Arlete Zebber

Dados Internacionais de Catalogação na Publicação (CIP)
(Câmara Brasileira do Livro, SP, Brasil)

Garcia, Lúcia
    Euclides da Cunha: escritor por acidente e repórter do sertão/ Lúcia
    Garcia. — São Paulo: Claro Enigma, 2009.

    ISBN 978-85-61041-38-0

    1. Cunha, Euclides da, 1866-1909 2. Cunha, Euclides da, 1886-1909.
    Os sertões 3. Escritores brasileiros — Biografia 4. Jornalismo e
    literatura I. Título.

09-08961   CDD-928.699

Índice para catálogo sistemático:
1. Escritoras brasileiras: Vida e obra 928.699

[2009]
Todos os direitos desta edição reservados à
EDITORA CLARO ENIGMA
Rua São Lázaro, 233
01103 – 020 – São Paulo – SP
Telefone (11) 3707-3531

7 INTRODUÇÃO
14 CAPÍTULO I
O jovem cadete
18 CAPÍTULO II
Jornalista e engenheiro
27 CAPÍTULO III
Euclides da Cunha, repórter do sertão
36 CAPÍTULO IV
Os sertões: uma interpretação do Brasil
43 CAPÍTULO V
Euclides da Cunha e as instituições científicas
54 CAPÍTULO VI
Fim de caso; fim de história
59 *Para terminar*
61 *Leia mais*
64 *Cronologia de apoio*
73 *Sugestão de atividades*
75 *Créditos das imagens*
77 *Sobre a autora*

Euclides da Cunha em fotografia para o álbum da Academia Brasileira de Letras, *c.* 1903

INTRODUÇÃO
Euclides e seu tempo

No dia 18 de dezembro de 1906, aos quarenta anos, Euclides da Cunha ingressava na Academia Brasileira de Letras. Em seu discurso de posse, quando assumia a cadeira nº 7 em substituição ao poeta Valentim Magalhães, Euclides se definiu como um "escritor por acidente". À afirmação do autor poderíamos acrescentar que esse acidente teria sido providencial. Nas páginas que seguem, percorreremos a vida e a obra deste que é hoje considerado um dos mais importantes escritores brasileiros e cuja produção literária fundamental se imortalizou no livro *Os sertões*.

Euclides da Cunha foi um dos principais intérpretes do Brasil de seu tempo. Sua percepção escapava à realidade urbana e seguia rumo ao interior do país, transformando a aridez da vida e do território do homem agreste, sertanejo, num campo fértil de reflexão e em mote para a conscientização social e compreensão da nacionalidade brasileira.

Mas vale a pena recuperar o contexto sociopolítico e de ideias no qual se inseriu Euclides da Cunha, desde o seu nascimento, em 1866, até 1909, ano de sua morte.

O Império brasileiro, superada a turbulência do período regencial (1831-40), alcançou estabilidade a partir da década de 1850. A economia cafeeira permitiu a formação de uma base econômica sólida, desenvolvendo-se sobretudo nas regiões de Rio de Janeiro, Minas Gerais e São Paulo, a qual favoreceu a consolidação do Estado imperial.

Em 1865, Brasil, Argentina e Uruguai — que compunham a Tríplice Aliança — iniciam um confronto militar, o mais longo e sangrento da América do Sul, contra o Paraguai. Apoiada pela Inglaterra, a Tríplice Aliança temia a emergência de mais uma potência na região da Bacia do Prata. Finda em 1870, a guerra trouxe consequências desastrosas para o Paraguai, que teve território e população dizimados. Para o Brasil, os desdobramentos foram igualmente graves: a monarquia viveu um momento mais popular, mas também o começo de seu declínio.

A Guerra do Paraguai abriu a brecha necessária para a difusão dos ideais republicanos ao deixar transparecer as contradições do Império brasileiro, nomeadamente no que diz respeito à escravidão. Houve ainda o fortalecimento do Exército, que ganhou a consciência de seu poder, rejeitando as alianças civis antes mantidas nas pastas militares.

A modernização decorrente da economia cafeeira, a Guerra do Paraguai, o crescimento das ideias abolicionistas e a fundação do Partido Republicano puseram fim à política de Conciliação predominante entre 1853 e 1868, que consistia numa alternância pacífica entre liberais e conservadores. O Brasil assistiu a partir de então à radicalização das facções políticas e à difusão do movimento republicano.

Em 1870, duas décadas após a extinção do tráfico, persistia a escravidão no Brasil. A Guerra de Secessão (1861-65) nos Estados Unidos provava que a exploração da mão de obra escrava tinha os seus dias contados, e, a essa altura, final do século XIX, apenas o Brasil, Cuba e Costa Rica insistiam em manter vigente um sistema já ultrapassado e socialmente condenado.

Esse foi o contexto em que o ministério chefiado pelo visconde do Rio Branco apresentou, em 1871, o projeto da Lei do Ventre Livre, que declarava livres os filhos de escravos. A solução definitiva do problema da escravidão estaria, assim, no futuro, e, a partir de 1880, o debate sobre a questão seria retomado com mais vigor. Em 1883, a Confederação Abolicionista unificou o movimento em âmbito nacional, e o Império enfraquecia na medida em que, entre outros fatores, ampliava-se a luta abolicionista.

A questão servil se impunha e, com ela, também as questões religiosa e militar, decisivas para a queda da monarquia e para a posterior proclamação da República, em 1889.

Em 1872, os bispos de Olinda e de Belém, obedientes às ordens papais de interdição dos fiéis católicos pertencentes aos quadros da maçonaria, foram julgados e condenados pelo imperador d. Pedro II, que ordenou as suspensões. Embora os bispos tenham sido anistiados em 1875, sua prisão atingiu em cheio a Igreja, e esta se afastou do governo imperial.

O Exército, por sua vez, mantido em posição secundária até a Guerra do Paraguai, acaba por tomar consciência de sua importância nesse mesmo contexto. O descontentamento militar foi pouco a pouco se alastrando, e, sob a liderança de Benjamin Constant, as ideias republicanas e positivistas também se disseminaram. Esse foi o cenário de eclosão da Questão Militar. Alguns episódios que revelaram por meio da imprensa problemas internos do Exército — o que até então era proibido — culminaram na aproximação cada vez maior dos militares com os republicanos, o que favoreceu a aliança que resultou no golpe de 15 de novembro de 1889, na proclamação da República.

Euclides da Cunha assistiu já na infância e em parte de sua juventude ao declínio da monarquia, e tornou-se um defensor das ideias republicanas. Viveu as tensões que antecederam o dia 15 e, proclamada a República, testemunhou as primeiras medidas adotadas pelo Governo Provisório representado pelo marechal Deodoro da Fonseca e por seu ministério, a política do Encilhamento, a primeira Constituição da República, em 1891, além da atuação de outros presidentes da República Velha, como Floriano Peixoto (1891-94), Prudente de Morais (1894-98), Campos Sales (1898-1902), Rodrigues Alves (1902-06) e os meses iniciais da gestão de Nilo Peçanha (junho de 1909 a 1910).

A primeira década do governo republicano trouxe o crescimento do mercado interno com a implantação do trabalho livre, mas, também, o endividamento externo, pois o governo não exportava em proporção significativa, de maneira a financiar as importações, e contraiu dívidas, principalmente com a Inglaterra. O freio às importações promoveu o estímulo à industrialização, de modo a preservar o modelo agroexportador, garantindo o abastecimento mediante o investimento na produção interna.

Nos idos de 1895 a economia cafeeira passou por uma forte crise. A produção crescia vertiginosamente, e o mercado consumidor europeu e norte-americano não se expandia na mesma proporção. Sendo a oferta maior que a procura, o preço do café sofreu uma queda importante no mercado internacional, o que trouxe graves prejuízos aos fazendeiros.

A solução encontrada pelas autoridades políticas para a

crise da economia cafeeira foi tomada durante o Convênio de Taubaté (1906), quando o governo concordou em adquirir o excedente mediante empréstimos no exterior. A solução não se mostrou, porém, eficaz e apenas adiou o desfecho da crise.

A crise do café pode também ser considerada uma consequência do processo crescente de modernização da economia. Por outro lado, o estado de carestia teve repercussões sociais bastante imediatas.

Exemplos mais ou menos diretos de protesto contra a opressão e a miséria foram a Revolta de Canudos e a do Contestado, a primeira no sertão baiano em 1896, e a segunda, entre 1912 e 1916, na região do Contestado, alvo de disputa entre Paraná e Santa Catarina. Nos dois casos, as aspirações dos rebelados eram expostas a partir de demonstrações de profunda religiosidade, daí o isolamento e a derrota pela violência praticada pelos poderes constituídos. Num momento, tomavam forma inquietações que revelavam a existência de dois Brasis: um civilizado e evoluído; outro "bárbaro" e isolado. O fato é que a crise econômica e a ambivalência política geravam descontentamentos de toda ordem.

Euclides da Cunha foi designado correspondente de guerra pelo jornal *O Estado de S. Paulo* e esteve no arraial de Canudos durante a rebelião. Partiu rumo ao sertão baiano em 1897, aos 31 anos de idade. Da experiência resultou a obra *Os sertões*. Mais à frente nos deteremos no relato do escritor.

O que podemos adiantar é que Euclides viu de muito perto, em Canudos, não só a reação do tradicionalismo rural ao avanço do capitalismo, mas a "barbárie" que a própria civilização praticava contra o sertanejo. Compreendeu assim a dimensão humana e social do movimento, denunciando a ideia de que o que mobilizava aquela população seriam motivações políticas. Seu livro transformou-se numa acusação contra o desequilíbrio social praticado no Brasil e acerca da existência desses tantos Brasis desnudados em *Os sertões*. Além de relatar a experiência no arraial de Canudos, a obra de Euclides da Cunha apresenta as novas ideias que circulavam no Brasil desde a década de 1870, baseadas nos modelos evolucionista e social-darwinista. A interpretação do país era realizada a partir de conceitos como progresso, ciência e labor. Diz o autor:

> Predestinamo-nos à formação de uma raça histórica em futuro remoto, se o permitir dilatado tempo de vida nacional autônoma. Invertemos, sob este aspecto, a ordem natural dos fatos. A nossa evolução biológica reclama a garantia da evolução social. Estamos condenados à civilização. Ou progredimos, ou desaparecemos. A afirmativa é segura.

Esses conceitos estavam presentes em alguns jornais do período. Particularmente na *Província de São Paulo* (futuro *O Estado de S. Paulo*), fundada em 1875 pelas elites paulistanas, encontrava-se a noção de que ela era um órgão "moderno", fruto de uma cidade "progressista, scientifica e laboriosa". Talvez por isso, nas páginas do jornal paulista publicavam-se cotidianamente as ideias de Charles Darwin, Herbert Spencer e Auguste Comte, quase como se estes formassem uma nova Santíssima Trindade.

E o mais interessante é notar que Euclides foi, desde dezembro de 1888, colaborador permanente da *Província*. Sob o pseudônimo de "Proudhon", filósofo francês teórico do socialismo, o escritor assinava a seção "Questões Sociais", e acabou por se imiscuir numa atmosfera que transpirava o "cientificismo" da época. Darwinismo social, positivismo, evolucionismo eram conceitos caros a esse período dado a determinismos de toda sorte.

Euclides da Cunha transitava entre a ciência e a literatura, o positivismo e o darwinismo social e geográfico, e, com certeza, adotava de maneira convicta o pseudônimo que escolhera para assinar a coluna dedicada às questões sociais do jornal, pois, a exemplo de Pierre-Joseph Proudhon, defendia a reorganização da sociedade, fundamentando-se no princípio da justiça, que deveria ser a base da harmonia social mas também do pensamento humano e das relações do homem com o meio. Euclides da Cunha era mesmo um bom leitor e tradutor de seu tempo!

CAPÍTULO I
O jovem cadete

Os pais do escritor: Eudóxia Moreira da Cunha e Manoel Rodrigues Pimenta da Cunha

Eudóxia Moreira da Cunha deu à luz Euclides Rodrigues Pimenta da Cunha no dia 20 de janeiro de 1866.

Nascido na Fazenda Saudade, em Cantagalo, no Rio de Janeiro, filho do guarda-livros Manuel Rodrigues Pimenta da Cunha, Euclides viveu naquele local até os três anos de idade, quando ficou órfão de mãe e, juntamente com sua irmã, Adélia, foi levado para Teresópolis, outro município do Rio, para morar na companhia da tia materna, Rosinda, e seu marido, Urbano.

Em 1871, os irmãos vivenciam a perda da tia, e são novamente transferidos, dessa vez para a casa dos tios Laura e Cândido, em São Fidélis, também no Rio de Janeiro. A infância de Euclides foi assim atribulada. Ele estudou em São Fidélis, estudou na Bahia e, finalmente, ingressou no Externato Aquino, importante instituição de ensino do Rio de Janeiro dirigida pelo professor João Pedro de Aquino, a quem o professor Escragnolle Dória chamava de "Santo da pedagogia brasileira".

No Externato Aquino, Euclides da Cunha adquiriu as bases de seus estudos científicos e conheceu Benjamin Constant, o líder republicano e positivista com quem, anos mais tarde, após a proclamação da República, estabeleceria aliança.

Euclides da Cunha aos dez anos, 1876

Entrou em 1886 para a Escola Militar da Praia Vermelha, destino natural dos jovens cariocas de classe média da segunda metade do século XIX. O período era de grande efervescência política. Com o início do movimento republicano, a Escola da Praia Vermelha representava o centro onde a juventude militar aspirava pela proclamação da República, tendo como principal líder Benjamin Constant, o professor do Externato Aquino.

Alguns alunos da Escola Militar que mais tarde se destacaram na vida pública, como o general Tasso Fragoso e o marechal Cândido Mariano da Silva Rondon, sempre caracterizaram Euclides da Cunha como homem estudioso que, àquela altura, lançava-se à escrita de seus primeiros poemas, depois reunidos e publicados sob o título *Ondas*.

Ondas, as primeiras poesias do escritor. No documento, há uma interessante anotação feita pelo autor em 1906: "14 anos de idade, observação fundamental para explicar a série de absurdos que há nestas páginas"

Na condição de aluno da Escola Militar da Praia Vermelha, Euclides da Cunha tornou-se protagonista de um episódio de insubordinação que marcou sua trajetória de vida.

O ano era 1888, e os jovens militares movimentavam-se para promover a queda da monarquia. O líder republicano Lopes Trovão desembarcava da Europa, e os estudantes da Escola Militar se organizaram para recepcioná-lo, numa manifestação de apoio ao novo regime. O diretor da escola, general Clarindo Queirós, agendou uma visita de Tomás

A Escola Militar da Praia Vermelha, Rio de Janeiro, 1907

Coelho, ministro da Guerra, que compareceu acompanhado do político Silveira Martins, pai de um aluno.

Os alunos se insurgiram contra essa atitude e programaram um movimento de protesto para a chegada do ministro do último Gabinete conservador da monarquia. Na verdade, Euclides da Cunha liderou o movimento. Quando a 2ª Divisão fazia continência ao ministro, ele saiu da fileira de militares e tentou quebrar o sabre, dizendo: "Infames! A mocidade livre, cortejando um ministro da monarquia!".

Esse seria lembrado como um dos episódios a caracterizar o perfil intempestivo de nosso personagem.

CAPÍTULO II
Jornalista e engenheiro

O resultado desse episódio, que ficou conhecido como "Episódio da baioneta" ou "Episódio do sabre", foi a prisão de Euclides da Cunha e sua saída do Exército. Em seguida, ele viajou para São Paulo a fim de participar do movimento republicano colaborando com artigos para *A Província de São Paulo*. O artigo "A pátria e a dinastia", publicado em dezembro de 1888, marcou sua estreia no jornal republicano.

Euclides da Cunha aos vinte anos, 1886

De volta ao Rio, assistiu exultante à proclamação da República. Os tempos pareciam novos, e Euclides celebrou a chegada do que considerava seu manual de civilização.

Logo após o Quinze de Novembro, Euclides da Cunha foi reintegrado ao Exército por iniciativa de Cândido Rondon. Em 19 de novembro do mesmo ano foi promovido a alferes aluno. Em 1891, concluiu os cursos de Estado-Maior e Engenharia Militar, e ingressou na Escola Superior de Guerra, tornando-se adjunto de ensino na Escola Militar.

Além do mais, numa nova demonstração de sua crescente integração ao sistema, Euclides se casa, em 10 de setembro de 1890, com Ana Emília Sólon Ribeiro (1875-1951), filha do major Sólon Ribeiro, um dos principais defensores da República.

Mas tudo deveria novamente mudar. Em 1893, por ocasião da Revolta da Armada, o senador João Cordeiro publicou em jornais alguns artigos defendendo o fuzilamento dos autores da manifestação contra o governo. Euclides da Cunha, então oficial do Exército, revidou num artigo publicado na *Gazeta de Notícias*, jornal que circulava no Rio de Janeiro. Por essa razão, foi punido e mais uma vez afastado da vida militar.

Enviado como engenheiro à cidade de Campanha, em Minas Gerais, para reconstruir um quartel, Euclides estava já determinado a deixar o Exército. A obediência cega não era um valor que nosso autor parecia conformado a seguir.

Em 1895, obteve uma licença, quando o consideraram incapaz para o serviço militar em decorrência de uma tuberculose. Foi para a Fazenda Trindade, de propriedade do seu pai, em Belém do Descalvado, no interior de São Paulo, e se dedicou às atividades agrícolas, até iniciar o trabalho de engenheiro ajudante na Superintendência de Obras Públicas do Estado de São Paulo no ano seguinte. É então que resolve se afastar definitivamente do Exército, sendo reformado no posto de primeiro-tenente.

Nessa ocasião, Euclides da Cunha já era pai de Sólon Ribeiro da Cunha e de Euclides Ribeiro da Cunha Filho, o "Quidinho", e decidiu regressar em 1897 à cidade de São Paulo como colaborador do jornal *O Estado de S. Paulo*. Euclides mostrava-se atencioso com os filhos. Em correspondência mantida com Sólon e Quidinho, encontrada na Biblioteca Nacional do Rio de Janeiro, orientava-os para se aplicarem aos estudos. Na carta datada de 19 de março de 1908, ano que antecedeu a sua morte, Euclides da Cunha aconselhava Sólon:

> [...] Aqui estamos todos, confiando na tua aplicação e bom procedimento, de modo a compensar, num ano bem empregado, o tempo que já tem perdido. Ainda é tempo de emendares a mão e seres um estudante de valor, capaz de dar, mais tarde, um homem útil. Não desanimes, pois, nem nos desiludas. Tem constância no estudo, atende respeitosamente aos teus mestres e conta com a estima do teu pai e amigo Euclydes.

Para Quidinho, mais aplicado nos estudos, alguns conselhos e outros elogios na carta de 20 de março de 1908:

> [...] A tua cartinha noticiando o resultado de teus exames foi, como previsto, verdadeira felicidade para nós. Prossegue com abnegação. Para isto não precisas sacrificar-te. Basta que tenhas constância e métodos, e que estudes nas horas de estudo e prestes toda a atenção nas aulas. Assim, ainda terás muito tempo para brincares, e chegarás ao fim do ano com toda a matéria sabida. Mas não te desvies nunca deste programa: nem um dia sem estudar! Um *pouco* por dia quer dizer *muitíssimo* por ano.

Rio - 19-3-908

Sólon,

hontem seguiu a mala do Sunatti, onde tambem ha alguma roupa tua. Foram uns livros, mas poucos. A S. Ammaka diz que tu os levaste quasi todos.

Aqui estamos, todos, confiados na tua applicação e bom procedimento, de modo a compensar, num anno bem empregado, o tempo que já tens perdido. Ainda é tempo de emendares a mão, e seres um estudante de valor, capaz de dar, mais tarde, um homem util. Não desanimes, pois; nem nos desilludas.

Tem constancia no estudo; attende respeitosamente aos teus mestres, e conta com a estima do teu pai e amigo

Euclydes

Carta de Euclides ao filho Sólon aconselhando-o a ter constância no estudo. Rio de Janeiro, 19/3/1908

Carta de Euclides a Quidinho comentando sua satisfação pelo sucesso do filho nos exames escolares. Rio de Janeiro, 20/3/1908

A par disto não te esqueças nunca do respeito que deves aos mestres e da lealdade que deves aos teus companheiros.

Assim serás um homem, e terás sempre ao teu lado como o teu maior amigo o teu pai Euclydes da Cunha.

Precisas fazer mais exercício de caligrafia. [...]

Mas Euclides da Cunha acabaria por se afastar de casa: foi então designado para cobrir a nova expedição que seguia para Canudos, na condição de correspondente daquele jornal. Essa foi a experiência essencial que originou a escrita da obra *Os sertões*.

Em 1898, como engenheiro, assumiu um cargo na Superintendência de Obras Públicas de São Paulo, quando atuou em São José do Rio Pardo, no trabalho de reconstrução de uma ponte que havia desabado. Ficou na cidade até 1901, momento em que foi nomeado chefe do 5º Distrito

Os três filhos de Euclides da Cunha em 1906: Manuel, nascido em 1901, Sólon e Quidinho. Foto de Bastos Dias

de Obras Públicas, com sede no município paulista de São Carlos do Pinhal.

Permaneceu nesse distrito até 1903 e, no ano seguinte, passou a colaborar na Comissão de Saneamento de Santos. No entanto, foi logo dispensado da tarefa, por desentendimentos com seu chefe.

Desempregado, Euclides viveu momentos difíceis e, aconselhado pelo escritor Coelho Neto, procurou Lauro Muller, ministro da Viação, que fora seu colega na Escola Militar. O encontro não produziu resultados imediatos, mas outra oportunidade estava a caminho.

Nessa mesma época, o barão do Rio Branco organizava uma comissão para o reconhecimento do rio Purus, na Amazônia, por força do tratado entre Brasil e Peru. O nome de Euclides da Cunha foi recomendado ao barão. Euclides acreditava que seria designado para a função de engenheiro, mas Rio Branco, percebendo suas qualidades, nomeou-o chefe da Comissão Mista Brasil-Peru. Euclides da Cunha navegou cerca de 6400 quilômetros, tendo inclusive percorrido alguns trechos a pé.

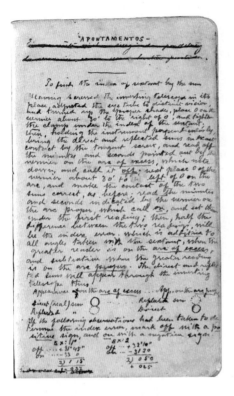

Página de um caderno de apontamentos que pertenceu a Euclides. Com 66 páginas, traz anotações da ocasião em que o escritor foi chefe da Comissão Mista Brasil-Peru para a demarcação de fronteiras no Alto Purus

    De volta ao Rio de Janeiro, apresentou o "Relatório da Comissão Mista Brasil-Peru de reconhecimento do Alto Purus", muito significativo do ponto de vista político e geográfico, e passou a trabalhar no Ministério das Relações Exteriores com o barão do Rio Branco.

    Mas Euclides sentia-se desconfortável no ambiente do ministério e, por isso, em 1909 decidiu inscrever-se no concurso de lógica no Ginásio Nacional, hoje Colégio Pedro II, que era o mais tradicional e prestigioso naquele contexto. Foi um concurso difícil. Euclides disputou a vaga com um candidato que havia se classificado em primeiro lugar. Na época, a

Euclides da Cunha acompanhado dos auxiliares da comissão de reconhecimento do Alto Purus, 1905

legislação do ensino permitia que o presidente da República escolhesse entre os dois candidatos, e Nilo Peçanha, por influência de Coelho Neto, escolheu Euclides da Cunha para professor de lógica.

O escritor foi empossado no dia 15 de julho de 1909 pela primeira vez como mestre. Ele teria, porém, poucos encontros com sua turma. Em 15 de agosto do mesmo ano, foi assassinado por Dilermando de Assis, num dos episódios passionais mais comentados da nossa história. Mas, para falar dele, teremos que aguardar um pouco. Falta narrar mais da vida e da obra que fizeram de Euclides da Cunha um dos grandes intérpretes brasileiros.

Antônio Conselheiro cercado por modernos canhões. *Revista Ilustrada*, nº 728

CAPÍTULO III
Euclides da Cunha, repórter do sertão

Bárbaro é aquele que acredita na barbárie.

Claude Lévi-Strauss, 1945

Em 1897, ocasião em que foi a Canudos como enviado especial do jornal *O Estado de S. Paulo* para cobrir a guerra, Euclides da Cunha teve o primeiro contato com a matéria-prima que inspiraria uma das mais importantes obras literárias brasileiras. A série de reportagens que ele expediu do arraial de Canudos e foram publicadas no *Estado* constituíram o embrião da terceira parte de *Os sertões*: "A luta".

Num primeiro momento e antes da viagem, Euclides da Cunha pretendia fazer da incursão em Canudos um retrato do Brasil longínquo; das desventuras e do isolamento das suas gentes. Sabe-se que levou consigo uma câmera fotográfica, no entanto não se conhecem as fotos que teria tirado.

E o que foi a Guerra de Canudos, no sertão da Bahia?

Antônio Conselheiro, cuja aparência foi aos poucos se assemelhando à dos profetas bíblicos, era conhecido nos sertões nordestinos desde a década de 1870. Acabou por liderar um movimento religioso que reuniu grande quantidade de fiéis em Canudos, numa área do sertão baiano batizada de Monte Santo. Com seus beatos, vagou cerca de trinta anos numa vida de penitência, acompanhando a construção ou reconstrução de igrejas, cemitérios e açudes.

Num momento de afirmação das ideias republicanas, as autoridades da Bahia suspeitaram que o movimento pre-

Canudos a sudeste.
Em primeiro plano, uma
típica casa do arraial, 1897

Uma casa em Canudos, 1897

Refeição das tropas, em
Canudos. À direita, na
foto, as três crianças são
provavelmente órfãos de
conselheiristas, 1897. Fotos
de Flavio de Barros

Igreja do Bom Jesus — a Igreja Nova de Canudos — destruída, 1897. Foto de Flavio de Barros

tendia restabelecer a monarquia, e, por esse motivo, o arraial foi invadido por quatro expedições militares.

O Brasil sempre foi grande, e cada vez mais as regiões pareciam distantes. Canudos virou bode expiatório, mote de afirmação de uma república civilizatória sobre uma região e população retrógradas.

Euclides embarcou em 1897 rumo a Salvador, onde permaneceu um mês escrevendo os primeiros artigos sobre o confronto. Vale a pena lembrar que a Guerra de Canudos teve uma repercussão inédita na imprensa brasileira, graças à instalação de linhas de telégrafo no sertão, as quais facilitaram as comunicações.

Ocupação do leito seco do rio Vaza-Barris por batalhões de infantaria, 1897

Os prisioneiros de Canudos, 2/10/1897. Fotos de Flavio de Barros

A primeira emboscada contra o povo de Canudos ocorreu em 1896. Como não havia madeira no sertão, os sertanejos do arraial compraram na cidade de Juazeiro um lote de peças para as obras da Igreja Nova. Não receberam, porém, a encomenda e foram buscá-la desarmados, em procissão, cantando hinos religiosos. As autoridades locais, no entanto, tinham mobilizado tropas estaduais que armaram uma emboscada contra os fiéis de Conselheiro em Uauá. A batalha era agora prática e simbólica, ninguém mais se entendia. E o resultado foi inesperado: as tropas oficiais foram dizimadas.

Nova ofensiva, com um número maior de soldados mais bem armados, é organizada em janeiro de 1896. O resultado novamente surpreende: outra derrota para as forças oficiais.

Seria o coronel Moreira César quem comandaria a terceira expedição contra Canudos. Conhecido como "Corta-Pescoço", o coronel vinha de uma incursão no Sul e era famoso por sua severidade e rigor.

Afinal, após duas derrotas, Canudos passara a representar uma espécie de "perigo nacional", e seria imprudente que novas ofensivas ficassem sob a responsabilidade de tropas estaduais.

Tropas federais organizaram, então, uma grande ação ofensiva, dispondo agora de armamento moderno que incluía canhões Krupp. Os ânimos andavam exaltados, e a ideia de que os incidentes do sertão indicavam uma tentativa de restauração monárquica surgiu e se espalhou como boataria fácil.

Todo o país acompanharia com atenção a terceira expedição, que se reuniria em Salvador em marcha para Canudos. O arraial foi atacado em 4 de março de 1897, e,

Arraial dos Canudos visto pela estrada do Rosário.
Litografia de Urpia, 1897

algumas horas depois, as tropas oficiais sofreram perdas significativas, entre elas a do seu comandante. Nova surpresa: as tropas federais batem em retirada e, para apressar a saída, abandonam munição e armas.

Euclides, em seus artigos, revela claramente a insatisfação provocada por mais essa derrota. E mais: manifestações nas ruas do Rio de Janeiro e de São Paulo transformaram-se em motins. Estudantes assinaram uma petição exigindo a liquidação dos seguidores de Conselheiro. A imprensa considerava a derrota uma vergonha nacional, e difundia insegurança ao divulgar notícias falsas e documentos forjados.

Foi organizada então uma quarta expedição, dessa vez sob o comando do general Artur Oscar de Andrade

Guimarães, amparado por quatro outros oficiais de alta patente. As tropas foram destacadas em todo o país, e o arraial foi atacado por intenso bombardeio durante vários dias. Isso, enriquecido do uso, pela primeira vez, de gasolina, que, espalhada sobre as casas ainda habitadas, era incendiada com o lançamento de bastões de dinamite. Após os combates o ambiente era de devastação absoluta.

Antônio Conselheiro morrera doente no dia 22 de setembro de 1897, pouco antes do fim da guerra, e o arraial foi dizimado em 5 de outubro. Os últimos resistentes não eram mais que quatro: dois homens, um velho e um menino. Esse triste final foi narrado com tintas fortes por Euclides, com o objetivo de revelar a dramaticidade dessa guerra de extermínio contra sertanejos miseráveis, nas lonjuras da Bahia.

Canudos não se rendeu. Exemplo único em toda a História, resistiu até ao esgotamento completo. Expugnado palmo a palmo, na precisão integral do termo, caiu no dia 5, ao entardecer, quando caíram os seus últimos defensores, que todos morreram. Eram quatro apenas: um velho, dous homens-feitos e uma criança, na frente dos quais rugiam raivosamente cinco mil soldados.

Forremo-nos à tarefa de descrever os seus últimos momentos. Nem poderíamos fazê-lo. Esta página, imaginamo-la sempre profundamente emocionante e trágica; mas cerramo-la vacilante e sem brilhos.

Vimos como quem vinga uma montanha altíssima. No alto, a par de uma perspectiva maior, a vertigem...

Ademais, não desafiaria a incredulidade do futuro a

narrativa de pormenores em que se amostrassem mulheres precipitando-se nas fogueiras dos próprios lares, abraçadas aos filhos pequeninos?...

E de que modo comentaríamos, com a só fragilidade da palavra humana, o fato singular de não aparecerem mais, desde a manhã de 3, os prisioneiros válidos colhidos na véspera [...] Caiu o arraial a 5. No dia 6 acabaram de o destruir desmanchando-lhe as casas, 5200, cuidadosamente contadas. Antes, no amanhecer daquele dia, comissão adrede escolhida descobrira o cadáver de Antônio Conselheiro.

Para o regime republicano, a chacina em Canudos apenas eliminou a ameaça de uma eventual restauração monárquica. Mas, na batalha simbólica travada nesse contexto, importava pouco a realidade. O que mais valia era transformar o arraial em inimigo do progresso e da civilização.

Foi nessa última expedição contra Canudos, na função de repórter e de adido ao Estado-Maior do ministro da Guerra — função obtida mediante pedido de Júlio Mesquita, diretor de *O Estado de S. Paulo*, ao presidente da República, Prudente de Morais —, que Euclides se tornou testemunha ocular da campanha; um "espião" da história, escrevendo para o jornal a série de matérias que levariam o título *Diário de uma expedição*. Era a prática jornalística do repórter de guerra que se instaurava no Brasil, com a presença de espectadores no cenário do confronto; hábito que logo seria adotado por outros veículos nacionais.

As reportagens começaram ainda a bordo do navio *Espírito Santo*, na travessia do percurso Rio-Bahia. Apesar das precárias condições de trabalho, as matérias de Euclides eram muito benfeitas e descritivas, ainda que ele as escrevesse no lombo de montaria, no desconforto de um acampamento militar, ao som de rifles e gritos de horror.

Era hostil, mas não menos rico, o seu campo de observação. E, desse primeiro olhar lançado sobre a realidade sertaneja, afirmava Euclides, já admirado: "[...] não mentem, não sofismam e não iludem as almas ingênuas dos rudes filhos do sertão".

CAPÍTULO IV
Os sertões: uma interpretação do Brasil

"Felizes os que não presenciaram nunca cenário igual..."

Com essa e outras frases, Euclides da Cunha denunciava a crueldade do cenário que conhecera quando de sua permanência no arraial de Canudos. A civilização se transformava em barbárie, e nosso autor passava a questionar verdades científicas que sustentava até então.

Após o seu regresso da Bahia, reunido o material coletado e refeitas as lembranças da campanha, Euclides da Cunha se dedicou à escrita de seu livro, que seria lançado em 1902, cinco anos mais tarde, com grande sucesso de público. As duas primeiras partes — "A terra" e "O homem" — já estavam prontas, e parece que Euclides pouco as alterou, mesmo depois de ter retornado do sertão.

Na obra, buscava compreender a origem da Guerra de Canudos, tentando mostrar como a virada republicana poderia ter promovido mudanças que perturbaram o ânimo dos seguidores de Conselheiro, por exemplo a cisão entre Estado e Igreja, os novos impostos, a liberdade de culto e a instituição do casamento civil, que punha em evidência um dos mais importantes sacramentos católicos. Mas o fato é que havia compreensões distintas dos mesmos eventos, e expectativas de parte a parte.

Revelando a chacina de sertanejos que ocorreu no local, a obra de Euclides da Cunha reforçou a tese de que o movimento não poderia ser interpretado como uma conspiração monárquica. Além do mais, Euclides confirmava de uma vez por todas que a população de Canudos não tinha nenhuma relação com os partidários da realeza, nem sequer apoio logístico para a guerra.

Em São Carlos do Pinhal, onde residia seu pai, Euclides esboçou o trabalho de redação de seu livro, logo seguindo para São Paulo e aí dando continuidade à escrita dos capítulos.

Teodoro Fernandes Sampaio (1855-1937), engenheiro, historiador, um dos fundadores do Instituto Histórico e Geográfico de São Paulo e grande amigo de Euclides da Cunha, deixou testemunho significativo:

Barraca ao pé da ponte São José do Rio Pardo, c. 1898. Nela Euclides escreveu parte de *Os sertões*

Euclides começou a escrever. A princípio trazia-me aos domingos os primeiros capítulos, os referentes à natureza física dos sertões, geologia, aspecto, relevo, e m'os [sic] naquela caligrafia minúscula que era como a minha também. A leitura fazia-se pausada a meu pedido porque tinha eu a sensação de com ela estar a trilhar vereda nova, cheia de novidades.

Somente em São José do Rio Pardo — para onde se dirigiu por razões de trabalho, como vimos — Euclides da Cunha concluiu *Os sertões*, escrito nos raros momentos de folga de uma carreira intensa e cansativa.

Mas por que essa obra é considerada até hoje uma interpretação fundamental do Brasil? Quem sabe por conta da força de suas páginas, da contradição que o movimento do livro revela, do relato de um Brasil dividido que transparece e da paixão que o título acende.

O livro *Os sertões* foi escrito por um homem de formação científica pautado pelos ensinamentos do determinismo científico e social. Nas suas páginas e na divisão da obra aparece o modelo romântico do período — a terra, o homem, a luta; ou o ambiente, o personagem e o destino —, qual seja, os limites das concepções da época e das determinações teóricas.

Euclides era sobretudo um "homem de sciencia", e por esse motivo revelou, com originalidade e estilo ímpares, um Brasil desconhecido, que escapava ao litoral e penetrava o sertão — pobre, miserável, desfavorecido pela natureza e pelos poderes estabelecidos.

Afrânio Peixoto (1876-1947), político e crítico literário, ao tomar posse na Academia Brasileira de Letras, ocupando

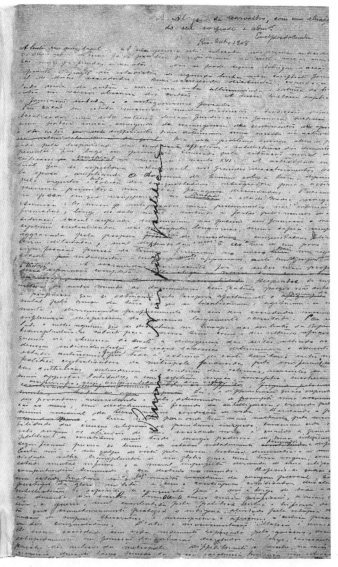

Manuscrito de um trecho não publicado de *Os sertões*. No alto da página, dedicatória de Euclides da Cunha a Aloysio de Carvalho, outubro de 1908

o lugar que pertencera a Euclides, afirmou em seu discurso: "Euclides da Cunha foi o primeiro bandeirante dessa entrada nova pela alma da nacionalidade brasileira".

Euclides da Cunha, ao singrar, pelo viés sertanejo, a alma da nacionalidade brasileira, examina o confronto de Canudos como um reflexo da divisão estrutural do país. Percebe que o Brasil não constituía uma unidade. Que havia dois Brasis completamente estranhos entre si, o do litoral e o do sertão. E que o último jazia num tipo de esquecimento na consciência culta nacional.

A segregação social profunda em que residia o sertanejo ampliava a distância geográfica, o que, simbolicamente, caracterizava um distanciamento da pátria, e o não pertencimento à nação.

Euclides desejava aproximar esses dois Brasis, separados pela raça e pelo meio, integrando os jagunços à nacionalidade. Segundo ele, esse deveria ser um projeto político para a nação; ainda mais porque o analista sabia que, na verdade, esses dois Brasis se resumiam a um: afinal, o atraso era efeito do avanço, e a barbárie uma consequência, não prevista, da civilização.

Por outro lado, se começava o livro dizendo que o mestiço era um degenerado — acompanhando as teses pessimistas do médico da escola baiana Nina Rodrigues —, terminava-o mostrando que o sertanejo no interior do país era um forte, pois, ao viver isolado, havia mantido características persistentes das diferentes raças. Já o mestiço do litoral seria um fraco, condenado ao fracasso.

O próprio movimento do livro, por sua vez, revela como a viagem e a etnografia alteraram a percepção de Euclides, que volta diferente de sua jornada. Se as duas primeiras partes — "A terra" e "O homem" — foram escritas antes da viagem, e estão repletas de valorizações negativas do sertão e do sertanejo, já a terceira ("A luta") mostra a vitalidade desses homens, que resistem como podem "aos homens da civilização".

A obra caminha, assim, no sentido de desconfiar das primeiras conclusões heroicas, feitas fora do cenário. O resultado é uma obra pulsante, cheia de vida e movimento. Euclides se convertia, mesmo sem querer, ele próprio, num sertanejo.

Mescla de relato histórico, reportagem jornalística e ensaio científico, *Os sertões* é uma espécie de exceção; um texto de caráter histórico. Euclides da Cunha abusa de contrastes e utiliza uma retórica quase sublime, isso se notarmos o número de adjetivos e hipérboles. Seu estilo é repleto de antíteses, dicotomias estruturais, comparações e ênfases. Na parte sobre a terra, o texto parece fazer barulho, emitir sons, tal o efeito narrativo que o escritor consegue.

É importante não perder de vista as relações sempre instigantes entre a ciência determinista e a linguagem grandiosa de Euclides. Basta perceber, por exemplo, os vários momentos de diálogo que o autor estabelece com a teoria evolucionista em *Os sertões*. Para Euclides da Cunha, a evolução social estava articulada com a questão racial, e o meio físico, por sua vez, era determinante na composição das forças e na feição do homem que abrigava. Por isso ele afirmava: "Não temos unidade de raça. Não a teremos talvez nunca. [...] Estamos condenados à civilização. Ou progredimos, ou desaparecemos".

Os Sertões

(Campanha de Canudos)

por

Euclydes da Cunha

LAEMMERT & C. - EDITORES
66, Rua do Ouvidor, 66 — Rio de Janeiro
CASA FILIAL EM S. PAULO
1902

Folha de rosto da 1ª edição de *Os sertões*, de 1902

CAPÍTULO V
Euclides da Cunha e as instituições científicas

Fotografia do escritor no álbum da Academia Brasileira de Letras, c. 1903

Euclides em seu gabinete de trabalho

O sucesso de *Os sertões* favoreceu o ingresso de Euclides da Cunha nas duas principais instituições científicas e consagradoras do Brasil da época: o Instituto Histórico e Geográfico Brasileiro, criado em 1838, e a Academia Brasileira de Letras, fundada em 1897.

Os dois estabelecimentos, sediados no Rio de Janeiro, possuíam entre seus membros os mais renomados intelectuais, homens das letras e das ciências. O IHGB, na ocasião de sua criação, teve por objetivo tornar-se uma espécie de instituição guardiã da memória e da história nacional, e a ABL pretendia preservar, por meio de seus membros e de seu acervo, a unidade literária nacional.

No Instituto Histórico, Euclides tomou posse logo em 1903, um ano após a publicação de *Os sertões*. Só por esse dado já se pode avaliar a repercussão imediata da obra. Em seu discurso de posse, Euclides revelou um profundo desencanto com o governo republicano. Julgava que a República tinha falhado em seus objetivos e que os líderes nacionais estavam afastados das causas públicas, mantendo o foco em seus problemas pessoais. Manifestando a sua frustração com os ideais que acalentara quando jovem integrante do movimento republicano, chegou a dizer que se considerava "um grego transviado nas ruas de Bizâncio". Em lugar do tom laudatório, sempre presente nesse tipo de discurso, Euclides voltava a apresentar sua verve e a habitual falta de trava ou censura.

A esse respeito Francisco de Assis Barbosa proferiu uma conferência intitulada "A marca de um drama" no centenário de nascimento de Euclides da Cunha. Afirmava que o escritor, além do drama de uma vida atribulada desde a orfandade, sofreu o drama do desencanto com a República. Seriam dois dramas que se conjugavam num só espírito.

Na Academia Brasileira de Letras, Euclides da Cunha foi vitorioso em 21 de setembro de 1903. A posse não se deu de imediato, pois, logo em seguida, ele partia para a Amazônia, no cumprimento da missão que lhe fora conferida pelo barão do Rio Branco junto à Comissão Brasil-Peru.

O político e intelectual Afonso Arinos foi designado

para recebê-lo, mas a tarefa coube ao crítico e jurista Sílvio Romero, em cerimônia presidida por Afonso Pena, presidente da República, no dia 18 de dezembro de 1906. O discurso de Sílvio Romero foi polêmico (bem ao seu estilo de contendas), e o jurista atacou diretamente as instituições do Estado, para constrangimento de Afonso Pena:

> O ex-escravo, que não tinha sido preparado pelo colonato, nem pela descrição do solo, devido à solene incapacidade da famosa elite de bacharéis palreiros que tem sido sempre Governo nesta terra e tem tido nas mãos os destinos do Brasil, o ex-escravo deu em geral na calaçaria e emigrou para os povoados... Aí vive aos trambolhões nuns empregos reles.
>
> Ali, nas cidades, como nesta capital, nenhuma aspiração elevada e nobre lhes despontou n'alma.
>
> Aumentaram apenas a nota cômica que nos cerca por todas as faces da existência. Uma das mais características dos dois últimos decênios é o sério com que distintas e graves damas de cor imitam os trajos, os gestos, os cacoetes das mais finas arianas europeias ou fluminenses, e a doce ternura com que se tratam de excelências... V. Exa. para aqui, V. Exa. para acolá. É um regalo. Mas não era disto que havíamos mister.
>
> A politicagem, embevecida no desfrutar dos capitais e dos braços estrangeiros, como se estes tivessem sido criados para estar à nossa disposição e nos serem ofertados de mão beijada, nada viu, de nada curou e nem sabia curar...

Na correspondência trocada com seus confrades nos momentos que precederam a sua eleição, revela-se a intranquilidade de Euclides com a possibilidade de ser derrotado. É o que prova, por exemplo, a carta remetida ao escritor, político e amigo Coelho Neto, em 10 de setembro de 1903, que foi escrita em Lorena, no estado de São Paulo:

Coelho Neto,

O vento sul que aí está destroncando as roseiras de Campinas, sacodem neste momento as palmeiras-imperiais da minha melancólica Lorena [...]

De fato, sendo a eleição no dia 15 (disse-me isto Machado de Assis quando estive no Rio) temo que alguns imortais não votem distraídos pelos acontecimentos, e como não me ficaria bem lembrar-lhes, peço-te que escrevas a respeito aos que te forem mais íntimos. — Estou longe, a braços com esta profissão e a minha candidatura ainda pode [soçobrar].

Mando-te a lista dos votos com que conto com absoluta segurança: o teu, e os do Lúcio, Salvador, Araripe, Machado, Rio Branco, Affonso Celso, Silva Ramos, Arthur, Veríssimo, J. Ribeiro Garcia, Filinto, Raymundo, Murat e Arinos (se tomar posse).

Já vês que há, desgraçadamente, nesta casa, um móvel egoístico. Contingência humana...

Adeus, até breve. Recomenda-nos a todos os teus. Abraça-te fraternalmente,

Euclydes da Cunha

Euclides recebeu 24 dos 31 votos, sendo quatro dados ao jornalista Domingos Olímpio Braga Cavalcanti, dois ao diplomata Silvino Gurgel do Amaral e um ao romancista Francisco Xavier Ferreira Marques. Escrevendo ao pai no dia seguinte, ele demonstrava sua satisfação com a vitória e dizia que ela testemunhava o bom caminho que tomara.

Apresso-me em comunicar-lhe que fui eleito para a Academia Brasileira de Letras — para a cadeira desse grande patrício Castro Alves. Assim, o desvio que abri nesta minha engenharia obscura alongou-se mais do que eu julgava. É ao menos um consolo nestes tempos de filhotismo absoluto, verdadeira idade de ouro dos medíocres. Tive eleitores como Rio Branco e Machado de Assis. Mas não tenho vaidades: tudo isso me revela a boa linha reta que o Sr. me ensinou desde pequeno. Hei de continuar nela.

O fato é que o sucesso de *Os sertões* fizera de um desconhecido uma referência. Euclides da Cunha circulava por entre as instituições mais reconhecidas, como era agora publicamente notado por seus méritos científicos e literários na imprensa do período.

Além de colaborar como jornalista em periódicos de grande circulação, Euclides era muitas vezes citado nas principais revistas científicas, literárias e artísticas da pri-

Carta a Coelho Neto. Lorena, 10/9/1903

Fachada da casa em que Euclides morou, em Lorena, São Paulo

meira década do século XX, entre elas *Kosmos*, *Renascença*, *Revista Brasileira* e *Revista do IHGB*; isso quando não escrevia artigos, figurando no sumário dessas mesmas revistas ao lado de outros grandes nomes, como Machado de Assis e José Veríssimo.

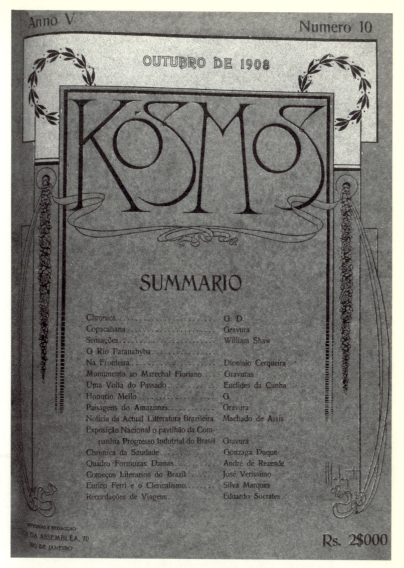

No sumário da revista *Kosmos*, de outubro de 1908, o nome de Euclides da Cunha aparece ao lado de outros grandes nomes das artes e das letras

O décimo número, de outubro de 1908, da revista artística, científica e literária *Kosmos* trazia um texto de Machado, outro do crítico de arte Gonzaga Duque, e outro ainda de Euclides da Cunha. Sob o título "Numa volta ao passado", Euclides narra como bom cronista sua passagem por uma estância paulista nos idos de 1903, em mais uma de suas missões como engenheiro, descrevendo antes a acolhida que tivera naquele cair de tarde. Segundo o escritor, "a acolhida, como sempre acontece entre os nossos patrícios sertanejos, foi carinhosa e simples".

A revista mensal ilustrada *Renascença*, que divulgava as letras, as ciências e as artes, trouxe no exemplar de dezembro de 1906 a seção "Os Nossos Autographos". Mereceu destaque nessa edição um cartão-postal autografado por Euclides da Cunha, enviado de Manaus, em 2 de fevereiro de 1905, ao diretor da revista. No cartão-postal aparecem retratados os membros da equipe de exploração do Javari, da qual Euclides foi chefe; ele aparece no centro da imagem.

O mais curioso, porém, é que sobre a imagem do grupo Euclides deixara, de próprio punho, um soneto que refletia os seus sonhos e desventuras, a sua força e tristeza, o seu drama pessoal e sua desilusão. Neste caso, a imagem funciona como uma espécie de desenho e testemunho da memória privada e dos sentimentos íntimos do escritor.

> Se acaso uma alma se fotografasse
> De modo que nos mesmos negativos
> A mesma luz fizesse em traços vivos
> O nosso coração e a nossa face,
> As nossas ideias, e os mais cativos

De nossos sonhos... Se a emoção que nasce
Em nós também nas chapas se gravasse
Mesmo em ligeiros traços fugitivos...
Poeta! Tu terias com certeza
A mais completa e insólita surpresa
Notando, deste grupo bem no meio,
Que o mais belo, o mais forte, o mais ardente
Destes sujeitos é precisamente
O mais triste, o mais pálido, o mais feio...

Euclydes da Cunha
Manaus, 2 de fevereiro de 1905.

Aí estava um retrato de corpo inteiro de nosso autor, que, embora no auge da fama, pintou-se como o mais triste, pálido e feio.

Euclides era mesmo *gauche* na vida, e o destino trataria de comprovar a tese que o intérprete, ele próprio, acreditava viver e representar.

O MALHO

A TRAGEDIA DA PIEDADE
O ASSASSINATO DO DR. EUCLYDES DA CUNHA

A bem da verdade e da justiça impõe-se-nos uma rectificação á brandura com que no numero passado nos referimos aos protagonistas vivos d'este hediondo caso. Aliás, a impressão do primeiro momento não podia ser outra, visto como, feita pelo aspirante Dinorah de Assis, a narração da tragedia occultava geitosamente as escabrosidades do movel e dava á morte do grande pensador e escriptor braziliero o caracter fatalista da defesa propria.

Tudo isso ruiu por terra.

Dos depoimentos de D. Angelica Ratto, tia dos irmãos Assis; da esposa adultera; de Dinorah Assis e da creada Anna de Almeida se infere claramente que «D. Anna Solon mantinha relações com Dilermando Candido de Assis, ha cerca de tres annos. Os dotes physicos do rapaz levaram-n'a a um estado d'alma que ella mesma classificou á autoridade de «paixão sem limites». Desde esse tempo, as relações entre os dois se mantiveram, com mais ou menos continuidade, sendo esses amores conhecidos por varias pessoas, que sobre elles murmuravam.

As suspeitas chegaram breve aos ouvidos do Dr. Eu-

Trecho da Estrada Real de Santa Cruz onde está a casa de Dilermando de Assis, (a primeira á esquerda)

clydes da Cunha, e, com as suspeitas, as denuncias, afinal, coroando tudo; rebentou no lar do escriptor a prova material, mais completa, de que sua esposa o trahia. Essa prova foi o nascimento de um menino, filho de D. Anna Solon, e d'ahi para cá, a vida do casal tornou-se infernalmente insustentavel.

Açulado pelas repetidas denuncias de que sua mulher continuava a traiçoal-o, o Dr. Euclydes da Cunha expulsou de casa os irmãos Assis, julgando assim fazer sanar o mal. Tal não se deu, porém, continuando a esposa a cultivar relações com Dilermando, que, por seu turno, não mais a deixou.

Recentemente, soube o Dr. Euclydes da Cunha que sua mulher ia frequentes vezes á casa de Dilermando, na Estrada Real de Santa Cruz, e foi procurando certificar-se d'isso que cahiu victimado pelas balas do amante de D. Anna.»

Ainda com esses depoimentos combinados com as declarações da menina Celina, de João Vaz de Araujo e de D. Henriqueta de Medeiros, se pode reconstruir a scena capital da tragedia:

O Dr. Euclydes da Cunha dirigiu-se para a casa fatal, entrando no jardim da mesma. Estava Dinorah á janella da casa, e vendo-o entrar avisou seu irmão e D. Anna da sua chegada.

Segundo affirma no inquerito policial, a creada Anna de

A casa n. 214 da Estrada Real de Santa Cruz, onde se deu o assassinato do Dr. Euclydes da Cunha

Anna de Almeida Lima, creada dos irmãos Dilermando e Dinorah de Assis. Velha conhecida de D. Anna Solon da Cunha, foi por esta empregada na casa do... amante. O depoimento d'esta creada lançou muita luz na parte escabrosa da tragedia.

Na página da revista, a rua onde ocorreu o assassinato. *O Malho*, 1909

O MALHO

Almeida creada, da casa, D. Anna e seus filhos Luiz e Solon se esconderam nesse momento na camara escura de photographia, que os rapazes tinham nos fundos da casa.

O Dr. Euclydes da Cunha bateu então á porta, vindo abril-a Dinorah, a quem o recem-chegado perguntou:
— Está ahi minha mulher?
— Não.
— E meu filho?
— Tambem não.
— Deixe-me entrar, quero fallar a Dilermando.

DILERMANDO DE ASSIS

Aspirante a official do Exercito, esgrimista de nomeada, photographo, conquistador inveterado, amante de sua tia e indigitado assassino de seu tio Dr. Euclydes da Cunha

E Euclydes da Cunha entrou na sala, penetrou no corredor e abriu a porta do quarto, perguntando onde estava Dilermando.

Logo ao vel-o, Dilermando, ao que consta dos autos, tomou o seu revólver e, entrincheirando-se atráz de uma porta, atirou sobre Euclydes, perdendo o tiro.

Dinorah, vendo que Euclydes puxava o seu revólver para se defender, procurou desarmal-o, o que não conseguiu. O escriptor voltou para ella a arma e detonou-a duas vezes, ferindo-a nas costas.

Aproveitando-se d'essa occasião, Dilermando atirou sobre elle, perdendo, ainda d'essa vez, o tiro.

Euclydes voltou novamente ao quarto de Dilermando, erindo-o e sendo por elle ferido.

Aturdido, Dinorah fechou-se em seu quarto, durante todo esse tempo.

O tiroteio serenou por alguns segundos, ao cabo dos quaes foi commettido o assassinato:

Mal ferido, Euclydes ia retirar-se, estando já no jardim, quando Dilermando, armado ainda de seu revólver, chegou á porta de casa e disse:
— Rua, *seu* cachorro!

Assim insultado, Euclydes voltou, e ia a responder ao desaforo, quando Dilermando o alvejou em pleno peito, disparando a arma.

Euclydes caiu pesadamente, de bruços, ao chão, ficando alli a estertorar.

D'alli foi Euclydes transportado para a cama de Dilermando, onde veiu a fallecer, momentos depois.

Logo, porém, que o autor dos *Sertões* foi removido para dentro da casa, segundo ainda as declarações da creada, d. Anna e seus filhos sairam da sua refugio, correndo para junto do moribundo. Este pronunciava palavras sem nexo, e de sua bocca corria um longo filete de sangue. Depois morreu.

Tres pontos importantes julga a policia ter esclarecido:
1° — que o Dr. Euclydes da Cunha foi covardemente assassinado e não nas condições anteriormente ditas;
2° — que, de accordo com isso, não ha legitima defesa;
3° — e finalmente, que D. Anna Solon estava de facto na casa do crime desde a tarde de terça-feira.

Aggravando tudo isso ha ainda a notar que a esposa adultera mantinha a *republica* e o luxo dos dois estudantes com o dinheiro ganho honradamente por seu infeliz marido.

As joias que este lhe dava iam parar ás mãos de Dilermando, que as punha no *prego*, em seu nome, conforme provaram as vinte e tantas cautelas encontradas.

Até livros do grande escriptor iam para aquelle charco do vicio e do aviltamento!...

SUPERSTIÇÃO

Elle: — Qual a ultima casa em que você esteve empregada?
Ella: — Na casa de uns *estudante* que eram visitados por umas *moça*, e *brincava* de *florete* com *fut-bó*, sim, sinhô...
Elle: — Não me serve! (*A' parte*) Tem cara de *onze letras* com coronha de Nagant!...

Foto de Dilermando de Assis em *O Malho*, 1909

CAPÍTULO VI
Fim de caso; fim de história

Após o encerramento dos trabalhos como chefe da Comissão Mista Brasil-Peru, em dezembro de 1905, Euclides da Cunha regressou ao Rio de Janeiro, tornando-se adido ao gabinete do barão do Rio Branco no Ministério das Relações Exteriores em 1906.

Na ocasião, o cargo no Itamaraty, embora prestigioso, não existia de maneira formal. Apesar de andar intranquilo com a instabilidade de seu posto, o que o levou a pedir demissão algumas vezes, Euclides permaneceu no ministério em 1907, pois o barão do Rio Branco considerava necessária sua colaboração.

Ainda que insatisfeito no ofício que lhe foi oferecido, Euclides deu continuidade à sua atuação como escritor. Em 1907 publicou o livro *Peru versus Bolívia*, e, nesse mesmo ano, um editor português reuniu alguns artigos de sua autoria que haviam saído em periódicos e decidiu lançá-los com o título *Contrastes e confrontos*.

Quando, finalmente, depois de um processo seletivo concorrido, Euclides foi aprovado e empossado no cargo de professor de lógica do Colégio Pedro ii, em 1909, o destino se mostrou implacável e abreviou a vida do escritor.

Até o fatídico dia 15 de agosto de 1909, por conta de seu ofício de engenheiro, Euclides foi obrigado a permanecer longos períodos longe de casa, distante de Ana Emília e de seus três filhos.

Caricatura de Euclides feita por Raul Pederneiras. *Tagarela*, Rio de Janeiro, 16/7/1903

Em 1904, quando ele viajou para a Amazônia a serviço do Ministério das Relações Exteriores, regressando ao Rio de Janeiro dois anos mais tarde, Ana Emília e o caçula, Manoel, foram residir na pensão Monat, na rua Senador Vergueiro. Sólon e Quidinho, nessa ocasião, estudavam em colégio interno.

Na pensão, em 1905, Ana conheceu Dilermando de Assis. Nascido em Porto Alegre em 1888, Dilermando era um jovem cadete da Escola Militar, apenas quatro anos mais velho que Sólon, o primogênito do casal. Ana tinha trinta anos, e, ainda em 1905, durante a ausência de Euclides, passou longos períodos com Dilermando numa casa na rua Humaitá.

O escritor regressou de sua viagem à Amazônia em 1906. Ana estava grávida, e Dilermando de Assis foi transferido para a Escola Militar do Rio Grande do Sul. Mauro, registrado por Euclides, nasceu no mesmo ano, mas viveu apenas sete dias.

No início de 1907, Ana novamente engravidou durante uma viagem de Dilermando ao Rio de Janeiro por ocasião de suas férias no serviço militar. Luís nasceu em novembro e também foi registrado por Euclides da Cunha, que se referiu ao menino, de cabelos claros e olhos azuis, diferente portanto de seus outros filhos, como sendo "uma espiga de milho no meio de um cafezal", segundo relatou o escritor Medeiros de Albuquerque, amigo de Euclides.

Em 1908, depois de concluir o curso no Sul e ser promovido a tenente, Dilermando voltou ao Rio e foi morar com seu irmão Dinorah, jogador de futebol, no bairro da Piedade, zona do subúrbio carioca.

O episódio é até hoje controverso: alguns alegam legítima defesa de Dilermando, e outros dizem que se tratou de ato premeditado. De toda maneira, a versão oficial mostra que, inconformado com a realidade dos fatos, na manhã de 15 de agosto de 1909 Euclides da Cunha invadiu a casa de Dilermando de Assis, amante de sua mulher, e acertou dois tiros no rival. Este reagiu também a tiros e matou o escritor, que a essa altura já ganhara certa projeção local e até nacional.

> Ainda não voltamos a nós do espanto horrível que nos causou a notícia do absurdo e trágico assassinato do nosso prezado e eminente colaborador Euclydes da Cunha. Um telegrama expedido de Cascadura às 12h30 da tarde de ontem dizia laconicamente:
>
> Euclydes Cunha, assassinado
>
> Estrada Real, 214.
>
> Sólon Cunha

Euclides e seu filho Quidinho, c. 1909

O assassinato de Euclides da Cunha na revista carioca *O Malho*, 1909

Com essas palavras, o *Jornal do Commercio* de 16 de agosto de 1909 dava notícia do assassinato de Euclides da Cunha. Assim, foi por meio de um telegrama, enviado pelo primogênito do escritor, Sólon Cunha, na data do crime, que a redação do jornal teve conhecimento da tragédia que gerou forte comoção nacional.

Exímio atirador, Dilermando justificou seu ato como legítima defesa, alegando que Euclides agiu de forma premeditada, ao ir armado à sua procura. Mas testemunhas argumentam que Euclides teria sido baleado pelas costas, quando já se afastava da casa. Aos olhos da Justiça, porém, o gesto do cadete foi considerado "leal", de modo que o júri o absolveu em 31 de outubro de 1914.

Para vingar a morte do pai, Euclides da Cunha Filho, o Quidinho, quis assassinar Dilermando anos mais tarde, desafiando-o para um novo duelo, mas também foi morto pelo tenente. Ao que tudo indica, Dilermando até teria tentado evitar tal desfecho, afinal iria enfrentar o filho de sua mulher.

Depois de perder o marido e um filho, Ana ainda sofreria mais um golpe. Em 1921, Dilermando a abandonou e foi morar com outra mulher. Apesar de ter sido inocentado nos dois episódios, o tenente foi perseguido durante toda a vida pela opinião pública, que o acusava da morte de Euclides da Cunha, considerado o "mais brasileiro dos escritores brasileiros". *

---

* Citado pelo acadêmico Alberto Venâncio Filho em depoimento gravado em 3 de junho de 2003, na Academia Brasileira de Letras.

PARA TERMINAR

Mesmo após tantos anos, ainda é possível sentir Euclides da Cunha vivo, a partir da sua obra.

O legado deixado por esse que é um dos autores brasileiros mais reverenciados, seja nos livros, discursos, seja nos artigos publicados em jornais e revistas, permite identificar as múltiplas raízes culturais brasileiras, as desigualdades entre o Brasil do litoral e o Brasil do interior, a preocupação permanente com os rumos do país e com a afirmação de um projeto nacional que impulsionasse a nação rumo à superação dessas desigualdades. Euclides foi "um intelectual militante", de acordo com a feliz definição do crítico literário Antonio Candido. Ou seja, jamais abriu mão de fazer da sua obra um exercício de reflexão sobre a nacionalidade.

O que Euclides constatava, pensava e sentia ficou registrado não apenas em *Os sertões*. Suas ideias, sua reflexão política, seu olhar arguto sobre o homem e a natureza estão presentes em *À margem da história* (1909), *Contrastes e confrontos* (1907) e *Peru versus Bolívia* (1907). Poderiam ter ficado também imortalizados na obra que o escritor preparava sobre a Amazônia, cujo título seria *O paraíso perdido*, e que não foi terminada em razão do falecimento de nosso autor.

A obra de Euclides reflete a inteligência lúcida, as ideias e a ação intelectual de um "homem de sciencia", identificado com o seu tempo, e suas contradições. Mas pode refletir também as faces do etnógrafo, do filósofo, do jornalista, do sociólogo, do geógrafo, do engenheiro, do historiador, do poeta ou do romancista. Todas elas estavam presentes em Euclides.

O escritor "por acidente", o repórter do sertão brasileiro, não teve sucesso com seu equipamento fotográfico durante a incursão a Canudos. Isso, contudo, não pôs à prova o sucesso da sua viagem e da sua observação. Os instantâneos da realidade obtidos por Euclides da Cunha foram capturados por sua retina, armazenados na memória e, num estilo raro, transferidos na qualidade de texto para sua obra considerada, com razão, modelar.

Euclides da Cunha, pode-se dizer, fez um retrato do Brasil que, muitas vezes, lançou o foco para a face mais dramática da nossa nacionalidade.

LEIA MAIS

Caricatura de Euclides feita por Mendez. *Vamos Ler!*, Rio de Janeiro, 19/9/1946

ALMEIDA, Cícero Antônio F. de. *Canudos — Imagens da guerra*. Rio de Janeiro: Lacerda Editores/Museu da República, 1997.

ANDRADE, Olímpio de Souza. *Antologia — Seleção, introdução, notas e vocabulário de trechos selecionados de Os sertões, Contrastes e confrontos, À margem da história, Peru versus Bolívia, Castro Alves e seu tempo e também prefácios, relatórios e cartas*. São Paulo: Melhoramentos, 1966.

_____. *História e interpretação de 'Os sertões'*. 3ª ed. rev. e aumentada. São Paulo: EDART, 1966.

BARROS, Frederico Ozanam Pessoa de. *Euclides da Cunha — Seleção de textos, notas, estudo biográfico, histórico e crítico*. São Paulo: Abril, 1982.

BASBAUM, Leôncio. *História sincera da República — De 1889 a 1930*. Vol. 2. São Paulo: Alfa-Omega, 1986.

BRANDÃO, Adelino. *Paraíso perdido: Euclides da Cunha — Vida e obra*. São Paulo: IBRASA, 1996.

Canudos — Diário de uma expedição. Introd. Gilberto Freyre. Rio de Janeiro: Livraria José Olympio Editora, 1939.

CARVALHO, José Murilo de. *A formação das almas — O imaginário da República no Brasil*. São Paulo: Companhia das Letras, 1999.

CUNHA, Euclides da. *Os sertões — Campanha de Canudos*. Rio de Janeiro: Laemmert, 1902.

_____. *Contrastes e confrontos*. Pref. José Pereira de Sampaio. Porto: Empresa Literária e Tipográfica, 1907.

_____. *Peru 'versus' Bolívia*. Rio de Janeiro: Jornal do Commercio, 1907.

_____. *À margem da história*. Porto: Chardron/ Lello, 1909.

_____. *Caderneta de campo*. Introd., notas e coment. Olímpio de Souza Andrade. São Paulo/Brasília: Cultrix/INL, 1975.

Euclides da Cunha — Obra completa. Rio de Janeiro: Companhia José Aguilar, 1966. 2 vols.

Euclides da Cunha — O episódio de Canudos. Pinturas Grover Chapman. Introd. e seleção de textos Luís Viana Filho. Rio de Janeiro: Salamandra, 1978.

GALVÃO, Walnice Nogueira. *Euclides da Cunha*. São Paulo: Ática, 1984.

_____ (org.). *Diário de uma expedição — Euclides da Cunha*. São Paulo: Companhia das Letras, 2000.

_____ (org.). *Crônica de uma tragédia inesquecível — Autos do processo de Dilermando de Assis, que matou Euclides da Cunha*. S. l.: Albatroz/Loqüi/Terceiro Nome, 2007.

MARTINS, Paulo Emílio Matos. *A reinvenção do sertão*. Rio de Janeiro: FGV, 2001.

MOURA, Clóvis. *Introdução ao pensamento de Euclides da Cunha*. Rio de Janeiro: Civilização Brasileira, 1964.

NEVES, Lucia Pereira das, & MACHADO, Humberto. *O Império do Brasil*. Rio de Janeiro: Nova Fronteira, 1999.

Ondas. Coleção de poemas escritos por Euclides da Cunha em 1883, publicados em 1966 em *Euclides da Cunha — Obra com-*

pleta, pela Companhia José Aguilar, e em volume autônomo, em 2005, pela Editora Martin Claret, com prefácio de Márcio José Lauria.

PONTES, Eloy. *A vida dramatica de Euclydes da Cunha*. Rio de Janeiro: Livraria José Olympio Editora, 1938.

RABELLO, Sylvio. *Euclides da Cunha*. 2ª ed. Rio de Janeiro: Civilização Brasileira, 1966.

REZENDE, Maria José de. "Os sertões e os (des)caminhos da mudança social no Brasil". São Paulo: *Tempo Social (Revista de Sociologia da USP)*, 13(2), pp. 201-26.

SCHWARCZ, Lilia Moritz. *O espetáculo das raças — Cientistas, instituições e questão racial no Brasil,* 1870-1930. São Paulo: Companhia das Letras, 2001.

VENÂNCIO FILHO, Francisco. *Euclydes da Cunha e seus amigos*. São Paulo: Companhia Editora Nacional, 1938.

_____. *A glória de Euclydes da Cunha*. São Paulo: Companhia Editora Nacional, 1940.

VENTURA, Roberto. *Euclides da Cunha — Esboço biográfico — Retrato interrompido da vida de Euclides da Cunha*. São Paulo: Companhia das Letras, 2003.

VILLABOIM FILHO, Paschoal. *Canudos*. Rio de Janeiro: Ministério da Educação e Cultura, 1967.

CRONOLOGIA DE APOIO

Euclides no traço de J. Carlos.
O Malho, 9/3/1907

1866 *20 de janeiro.* Nasce Euclides Rodrigues Pimenta da Cunha, na Fazenda Saudade, arraial de Santa Rita do Rio Negro, Cantagalo, RJ. Filho de Manuel Rodrigues Pimenta da Cunha e Eudóxia Moreira da Cunha.
24 de novembro. Batizado de Euclides da Cunha.

1869 Morte de Eudóxia Moreira da Cunha, mãe de Euclides.

1870 Na companhia da irmã Adélia, Euclides passa a viver em Teresópolis, RJ, na casa dos tios Rosinda e Urbano Gouveia.
Fim da Guerra do Paraguai.

1871 Após o falecimento de tia Rosinda, Euclides e Adélia vão morar em São Fidélis sob os cuidados de outra tia, Laura Moreira Garcez, e de seu marido, o coronel Magalhães Garcez.
Promulgada a Lei do Ventre Livre.

1877-78 É transferido para o Colégio Carneiro Ribeiro, ocasião em que passa a viver com os avós maternos na Bahia.

Seca no Nordeste.

1879 Euclides retorna ao Rio de Janeiro e vai morar com o tio paterno Antonio Pimenta da Cunha.

Continua os estudos no Colégio Anglo-Americano.

1880-82 Estuda em dois outros colégios: Vitório da Costa e Menezes Vieira. A troca sucessiva de estabelecimento de ensino se deve à instabilidade emocional apresentada por Euclides durante a adolescência.

1883 Início da Questão Militar.

Numa caderneta intitulada "As ondas", Euclides escreve seus primeiros versos.

1883-84 Transfere-se para o Externato Aquino e, com alguns colegas, cria o jornal *O Democrata*, publicando seu primeiro artigo em 4 de abril de 1884.

1884-85 É aprovado na Escola Politécnica, onde permanece por um ano apenas, por falta de recursos para continuar os estudos.

1886 *20 de fevereiro.* Passa a frequentar gratuitamente a Escola Militar da Praia Vermelha.

Então designado cadete nº 308, ingressa no movimento republicano por influência de Benjamin Constant.

1888 *3 de maio.* Lei Áurea. Abolição da escravidão.

4 de novembro. "Episódio da baioneta" ou "Episódio do sabre". No desfile em homenagem ao conselheiro Tomás Coelho, ministro da Guerra, em protesto contra a monarquia Euclides deixa a fileira de cadetes e tenta quebrar sua baioneta, lançando-a em seguida aos pés do ministro.

14 de dezembro. Mesmo perdoado por d. Pedro II, Euclides tem sua matrícula cancelada e deixa o Exército.

Dias depois viaja para São Paulo, a fim de dar continuidade às lutas republicanas.

Dezembro. Publica o artigo "A pátria e a dinastia" no jornal *Província de São Paulo*, atual *O Estado de S. Paulo*.

29 de dezembro. Sob o pseudônimo de "Proudhon", filósofo francês teórico do socialismo, torna-se colaborador permanente da seção "Questões Sociais" no jornal *Província de São Paulo*.

1889   *6 e 7 de maio.* De volta ao Rio de Janeiro, é submetido a provas para a Escola Politécnica.

15 de novembro. Proclamação da República.

Nessa ocasião, Euclides retorna ao Exército e é promovido a alferes aluno.

Deixa a coluna da *Província de São Paulo* e passa a colaborar na *Gazeta de Notícias*, jornal em circulação desde 1875 que, além de inovador, promovia o debate de grandes temas nacionais.

1890   *8 de janeiro.* Matricula-se na Escola Superior de Guerra.

14 de abril. É promovido a segundo-tenente.

10 de setembro. Casa-se com Ana Ribeiro, filha do general Sólon Ribeiro.

1891   Conclui os cursos de Estado-Maior e Engenharia Militar, e ingressa na Escola Superior de Guerra, tornando-se adjunto de ensino na Escola Militar.

14 de fevereiro. Promulgada a Constituição dos Estados Unidos do Brasil.

25 de fevereiro. Deodoro da Fonseca é eleito presidente, e Floriano Peixoto é seu vice.

5 de dezembro. Em Paris, morre d. Pedro de Alcântara.

1892   *9 de janeiro.* Euclides é promovido a primeiro-tenente.

Forma-se bacharel em Matemática, Ciências Físicas e Naturais.

Inicia a colaboração no jornal *O Estado de S. Paulo*.

Morre Deodoro da Fonseca.

1893   Euclides é convocado para uma entrevista pelo presidente Floriano Peixoto, que lhe oferece a chance de escolher um cargo público.

16 de agosto. É nomeado engenheiro da Estrada de Ferro Central do Brasil.

Dezembro. Integra a Diretoria-Geral de Obras Militares.

1894   Em resposta ao senador João Cordeiro, que defendia o fuzilamento dos manifestantes antiflorianistas presos depois da Revolta da Armada, Euclides escreve duas cartas para a *Gazeta de Notícias*. Sob o título "A dinamite", defende a democracia e a não violência. Em consequência de sua atitude, é designado para servir em Campanha, MG, a fim de realizar reformas num quartel, onde conhece João Luís Alves, que se torna seu grande amigo.

Prudente de Morais é eleito presidente.

1895   *Fevereiro*. Euclides recebe a visita do pai, e com ele deixa Campanha, mudando-se para Belém do Descalvado, SP.

28 de junho. É agregado ao Corpo do Estado-Maior.

29 de junho. Morre Floriano Peixoto.

1896   *13 de julho*. Euclides deixa o Exército, por estar desencantado com a República e por divergir do governo Floriano Peixoto quanto ao tratamento dado a prisioneiros políticos. É reformado como primeiro-tenente.

18 de setembro. Assume o cargo de engenheiro ajudante da Superintendência de Obras Públicas do Estado de São Paulo.

Passa a viajar pelo interior de São Paulo para a construção de pontes, edifícios públicos, restauração de obras e demarcação de limites.

O tenente Manuel da Silva Pires Ferreira comanda a primeira expedição contra Canudos.

O major Febrônio de Brito comanda a segunda expedição contra os conselheiristas.

1897 Euclides escreve para *O Estado de S. Paulo* dois artigos sobre a campanha de Canudos, publicados respectivamente em 14 de março e 17 de julho. No primeiro deles, intitulado "A nossa Vendeia", compara a primeira batalha de Canudos à luta ocorrida na França entre republicanos e camponeses defensores da monarquia.

A convite de Júlio de Mesquita é enviado à Bahia como correspondente de guerra de *O Estado de S. Paulo*.

Segue para os sertões do estado com a comitiva militar do ministro da Guerra, marechal Carlos Machado Bittencourt.

1º de setembro. Chega a Queimadas, estação ferroviária e entrada para os sertões de Canudos.

4 de setembro. Deixa a cidade, e passa por Tanquinho, Cansação e Quirinquinquá.

7 de setembro. Chega a Monte Santo.

8 de setembro. Descreve em seu diário de guerra o calvário de Monte Santo, e parte para Canudos.

16 de setembro. Chega ao palco da guerra.

Continua a enviar artigos com observações sobre o conflito e faz diversas anotações que posteriormente foram utilizadas no livro *Os sertões*.

Com o massacre dos seguidores de Antônio Conselheiro e o consequente fim da guerra, volta a Salvador, onde permanece por alguns dias.

17 de outubro. Retorna ao Rio de Janeiro.

26 de outubro. De volta a São Paulo, publica em *O Estado de S. Paulo* o último artigo da série *Diário de uma expedição*, intitulado "O batalhão de São Paulo".

Depois vai a Belém do Descalvado para descansar na fazenda do pai.

Nova expedição contra Canudos.

Destruição do arraial de Canudos.

Sessão inaugural da Academia Brasileira de Letras.

1898   *19 de janeiro*. Euclides publica em *O Estado de S. Paulo* as primeiras amostras de *Os sertões*, no artigo "Excerto de um livro inédito".

É incumbido da reconstrução da ponte sobre o rio Pardo, a qual desabara na cidade de São José do Rio Pardo.No barraco de zinco próximo à ponte, enquanto supervisionava a reconstrução, começa a redigir *Os sertões*. Francisco Escobar, intendente municipal e homem de erudição, estimula o escritor, fornecendo-lhe livros e reunindo um grupo de intelectuais para a leitura dos primeiros capítulos.

Eleição de Campos Sales.

1900   Euclides escreve para o jornal *O Rio Pardo* um artigo intitulado "O IV Centenário do Brasil".

Maio. Termina a redação de *Os sertões*, e Francisco Escobar contrata o sargento de polícia José Augusto Pereira Pimenta para transcrever em boa caligrafia os originais.

Euclides é novamente chamado a colaborar em *O Estado de S. Paulo*, desta vez para fazer uma análise dos cem últimos anos das atividades humanas no país.

Início da Política dos Governadores.

1901   Euclides é promovido a chefe do 5º Distrito de Obras Públicas.

31 de janeiro. Publica o artigo "O Brasil no século XIX" em *O Estado de S. Paulo*.

Nasce seu terceiro filho, Manoel Afonso; registrado apenas como Manoel, era conhecido como Afonsinho.

18 de maio. É inaugurada com grande festa a ponte sobre o rio Pardo.

Euclides muda-se para São Carlos do Pinhal, SP, a fim de acompanhar a construção do edifício do fórum da cidade.

Em seguida fixa residência em Guaratinguetá, SP.

É transferido para o 2º Distrito de Obras.

1902   *1º de março*. Eleição de Rodrigues Alves.

Garcia Redondo, amigo de São Paulo, apresenta Euclides a Lúcio de Mendonça, que o encaminha ao sr. Massow, da Livraria Editora Laemmert, o qual se propõe a editar o livro financiado pelo autor.

Maio. Euclides recebe as primeiras páginas impressas do livro.

Antes da publicação, vai ao Rio de Janeiro e corrige em cada volume os oitenta erros que verificara.

Escreve, por recomendação da Superintendência de Obras, relatório sobre a ilha de Búzios.

É transferido para Lorena, no Vale do Paraíba.

A Livraria Editora Laemmert lança no Rio de Janeiro *Os sertões*. O livro é sucesso de crítica e de vendas, e a tiragem da primeira edição se esgota em dois meses.

1903   *Julho*. É publicada a segunda edição de *Os sertões*.

21 de setembro. Euclides é eleito para a cadeira nº 7 da Academia Brasileira de Letras, antes ocupada por Valentim Magalhães.

É empossado no Instituto Histórico e Geográfico Brasileiro.

Demite-se da Superintendência de Obras Públicas de São Paulo.

1904   *15 de janeiro*. É nomeado engenheiro fiscal da Comissão de Saneamento de Santos.

Muda-se para o Guarujá e percorre ambas as cidades do litoral paulista.

24 de abril. Demite-se do cargo depois de incidente com o chefe da comissão.

Oliveira Lima e José Veríssimo apresentam ao barão do Rio Branco o nome de Euclides da Cunha para um cargo na Comissão de Reconhecimento do Alto Purus.

Agosto. Rio Branco entrevista Euclides e o nomeia chefe da comissão.

13 de dezembro. Parte para o Amazonas.

1905   Reside em Manaus, aguardando instruções.

3 de julho. Participa de banquete em Curanjá e discursa, lamentando a ausência da bandeira nacional no local.

23 de outubro. Volta a Manaus.

15 de novembro. Afonso Pena assume a Presidência da República.

16 de dezembro. Euclides encerra os trabalhos da comissão.

1906   Retorna ao Rio de Janeiro e torna-se adido ao gabinete do barão do Rio Branco.

Apresenta a Rio Branco o relatório da Comissão do Alto Purus.

Julho. Nasce seu filho Mauro, que vive apenas sete dias.

18 de dezembro. Toma posse na Academia Brasileira de Letras, onde é recebido por Sílvio Romero, em cerimônia com a presença do presidente Afonso Pena.

1907   Nasce Luís, registrado como seu filho.

Setembro. Euclides lança *Peru versus Bolívia*, pela Livraria Francisco Alves.

Convidado pelo Centro 11 de Agosto, dos alunos da Faculdade de Direito de São Paulo, pronuncia a conferência "Castro Alves e seu tempo".

Contrastes e confrontos, uma reunião de artigos, é publicado pela Editora Literária Tipografia do Porto (Portugal).

1908   Prefacia *Poemas e canções*, livro de Vicente de Carvalho.

Prefacia a obra *Inferno Verde*, de Alberto Rangel, seu grande amigo e companheiro na Escola Militar.

Termina *À margem da história*, livro com estudos sobre a Amazônia que seria publicado pela Livraria Chardron, de Portugal, depois de sua morte.

Morre Machado de Assis.

1909 Euclides inscreve-se no concurso de lógica no Ginásio Nacional, hoje Colégio Pedro II, com outros catorze candidatos. Conquista o segundo lugar. A legislação da época facultava ao presidente da República escolher entre os dois primeiros colocados, e Euclides é nomeado professor.

14 de junho. Morre Afonso Pena, e assume Nilo Peçanha.

Manhã de 15 de agosto. Euclides da Cunha vai armado ao subúrbio carioca da Piedade. Na residência do cadete Dilermando de Assis, o escritor e o cadete trocam tiros. Euclides é assassinado, e o episódio fica conhecido como "A Tragédia da Piedade".

O corpo é velado no salão da Academia de Letras, no Silogeu Brasileiro, e enterrado na sepultura 3026 do cemitério São João Batista.

SUGESTÃO DE ATIVIDADES

1. Realize uma pesquisa e avalie se, a exemplo da análise de Euclides da Cunha em *Os sertões*, ainda persistem os "dois Brasis", o do interior e o do litoral, em nossos dias. É possível perceber diferenças?

2. Faça um levantamento de textos da literatura de cordel que tratem da cultura nordestina. Tente você também, no estilo de cordel, elaborar alguns versos a partir da história de vida de Euclides da Cunha.

3. Você é o repórter: entreviste parentes, amigos e vizinhos e descubra quais são suas impressões sobre o sertão nordestino. Se possível, ilustre sua reportagem e pesquise imagens de ontem e de hoje que retratem o interior do Nordeste brasileiro.

4. Aprofunde sua pesquisa sobre o episódio de Canudos, a figura de Antônio Conselheiro e seus milhares de seguidores, fiéis sertanejos. Crie uma história em quadrinhos — com diálogos e ilustrações.

5. Agora que você conhece um pouco a história da Guerra de Canudos, reflita: se Euclides da Cunha, ao levar uma máquina fotográfica para o sertão baiano em 1897, tivesse conseguido tirar algumas fotos, que imagens você imagina que ele teria retratado? Que tal reproduzi-las com lápis, papel e tinta?

6. Visite museus e identifique na arte brasileira artistas que retrataram ao menos um daqueles "dois Brasis", o do litoral e o do sertão, sugeridos por Euclides da Cunha. O que você consegue observar além da representação pictórica? Que

mensagem esses artistas esperam transmitir? Seria simplesmente a representação ingênua de uma realidade?

7. Pesquise na culinária e na cultura popular brasileira (dança, folclore, datas festivas) elementos nordestinos ou influências marcadamente sertanejas.

8. Você conhece o Mestre Vitalino? Ele, como alguns outros artistas, fez uso do barro para esculpir pequenas peças que retratam a cultura nordestina e seu povo. Seja você o artesão e siga as pistas de Mestre Vitalino, usando cor e argila para criar suas próprias esculturas.

9. Procure assistir às seguintes produções que foram realizadas com base em *Os sertões* ou na vida de Euclides da Cunha:

Título: *Euclides da Cunha*
Documentário, p/b, 14 min., 1944, Brasil
Direção: Humberto Mauro

Título: *Deus e o Diabo na Terra do Sol*
Ficção, 35mm, p/b, 125 min., 1964, Brasil
Diretor: Glauber Rocha
Roteiro: Glauber Rocha e Walter Lima Jr.

Título: *Guerra de Canudos*
Ficção, 35mm, cor, 170 min., 1997, Brasil
Direção: Sérgio Rezende

A partir delas, realize sua própria produção — vale filmar, produzir uma peça, fazer uma exposição ou o que você puder imaginar.

CRÉDITOS DAS IMAGENS

pp. 6, 14, 15, 16,17, 18, 21, 22, 23, 24, 32, 39, 42, 43, 47, 48, 49, 55, 61,
64: Acervo da Fundação Biblioteca Nacional — Brasil
pp. 25, 38, 57 (a): Instituto Histórico e Geográfico Brasileiro
p. 26: Museu Mariano Procópio
pp. 28, 29, 30: Arquivo Histórico do Museu da República
pp. 52, 53, 57 (b): Fundação Casa de Rui Barbosa/ Arquivo

Todos os esforços foram feitos para determinar a origem das imagens deste livro. Nem sempre isso foi possível. Teremos prazer em creditar as fontes, caso se manifestem.

SOBRE A AUTORA

Nascida no Rio de Janeiro, em 1979, Lúcia Garcia é mestre e doutoranda em história política pela Universidade do Estado do Rio de Janeiro. Participou de vários projetos de pesquisa histórica documental e iconográfica, tendo colaborado como consultora na Comissão para as Comemorações do Bicentenário da Chegada de D. João ao Rio de Janeiro (Prefeitura do Rio de Janeiro, 2006--2008). Publicou *Registros escravos — Documentos oitocentistas na Biblioteca Nacional* (coautoria de Lilia Moritz Schwarcz, Rio de Janeiro: Biblioteca Nacional, 2006); *A transferência da família real para o Brasil — 1808-2008* (com outros autores, Lisboa: Tribuna da História, 2007); e *Rio e Lisboa — Construções de um império* (Lisboa: Câmara Municipal de Lisboa, 2007), catálogo da exposição itinerante homônima que percorreu Lisboa, Coimbra e outras cidades portuguesas em 2007.

Ende der Leseprobe

Esta obra foi composta por Rita da Costa Aguiar em LeMondeLivre e impressa pela Gráfica Bartira em ofsete sobre papel Pólen Bold da Suzano Papel e Celulose para a Editora Claro Enigma em setembro de 2009.